À pas de loup

Alex et le mystère de Touli

Texte : Gilles Tibo
Illustrations : Philippe Germain

Dominique et compagnie

Je m'appelle Alex. Je suis le meilleur joueur de hockey de la planète. Je marque plus de mille buts par jour. Mon chien s'appelle Touli.

Habituellement, c'est le meilleur gardien de but du monde. Mais depuis une semaine, rien ne va plus.

Pendant les matchs, Touli laisse passer la balle...
en souriant.
Il tourne le dos aux joueurs... en rigolant!
Il regarde les nuages... en rêvant!

Il s'étend sur le dessus du filet... en souriant !
Il grignote des arachides... en riant !

Ces temps-ci, Touli pourrait gagner le trophée du pire gardien de but de la galaxie. À cause de lui, nous perdons chacun de nos matchs et je suis devenu la risée du quartier.

Quand je me promène avec mon chien, j'entends :

—Tiens, voici Alex et son gardien troué !

—Voilà Alex et sa passoire !

—Regarde Alex et son jambon !

—Pauvre Alex avec son vieux restant de gardien !

On dirait que Touli s'en fout complètement. Il trottine en souriant d'un air béat !

Moi, le super champion, j'en ai assez ! Je m'enferme avec Touli et, pendant plus d'une heure, je lui raconte la vie des grands gardiens de but.

Ensuite, nous nous entraînons dans ma chambre. Mais contrairement à son habitude, Touli se sauve loin, loin, loin dans le fond de la garde-robe.

Je suis découragé, mais je ne me laisserai pas faire !

9

J'assois mon chien devant la télé. Pendant une journée complète, nous regardons des DVD montrant les plus grands arrêts des meilleurs gardiens de but de l'histoire du hockey.

Ensuite, nous allons jouer dans la ruelle avec mes amis. Mais Touli ne reste pas devant son filet. Il fouille dans les poubelles. Il s'empiffre de toutes sortes de choses !

Je suis plus que découragé ! Je suis super-méga-découragé !

– Qu'est-ce qui lui prend ? demande le gros Bob.
– Je ne sais pas…
– Peut-être qu'il n'aime pas l'odeur de la balle !
s'exclame le génial Yoki.

Nous installons Touli devant son filet et nous lui
lançons des balles aromatisées à la menthe, à la
rose, aux fleurs des champs… Puis nous lui lançons
des balles aromatisées au bœuf, au poulet, au
foie de canard et même aux vieilles chaussettes…
Mais Touli ne bouge pas d'un poil pour tenter
de les arrêter.

Il me vient une idée géniale. Je crie à mes amis :
—Ne bougez pas, je reviens tout de suite !

Je me précipite à la maison. Je fouille dans le réfrigérateur, puis je reviens avec un gros sac.

Afin de stimuler Touli, nous jouons avec des os
que ma mère avait achetés pour faire de la soupe.
Mais ma tactique ne fonctionne pas... Touli saute
sur le premier os qu'il aperçoit. Il se réfugie dans
une boîte de carton et il gruge son os, crounch...
crounch... crounch... comme s'il était seul au monde.

Pour en avoir le cœur net, je prends la boîte de carton et, suivi par toute ma bande, je me rends chez madame la vétérinaire, au coin de la rue.

En entrant chez la vétérinaire, j'ai l'impression de pénétrer dans une véritable jungle. Il y a des perroquets, des salamandres géantes, un boa, un petit singe-araignée, une grosse tarentule…

Nous nous assoyons et nous attendons notre tour. En regardant Touli gruger son os au fond de la boîte, je suis très, très, très inquiet. J'espère que Touli ne fait pas une dépression nerveuse de chien ou, pire encore, une dépression nerveuse d'humain, mais dans un chien. Oh là là...

Enfin, notre tour arrive. J'explique la situation à la gentille vétérinaire. Elle disparaît derrière une porte en emportant Touli.

–J'espère qu'elle va trouver sa maladie, murmure le gros Bob.

–J'espère qu'il existe une pilule pour qu'il redevienne le meilleur gardien de but du monde, ajoute Léon.

–J'espère qu'il n'est pas en train de mourir, soupire Max.

Moi, je n'en peux plus. Mon cœur bat très fort dans ma poitrine.

Tout à coup, après seulement quelques minutes d'attente, la vétérinaire revient en tenant Touli dans ses bras. Elle nous regarde et dit :
—Les enfants, j'ai deux grandes nouvelles à vous apprendre !
—QUOI ? C'EST QUOI ?

La vétérinaire nous annonce en souriant :

Premièrement, Touli n'est pas un chien !

Tous mes amis ainsi que moi-même, nous
nous écrions :
—QUOI ?
—Ce n'est quand même pas un chat, soupire
le gros Bob.
—Ni un cheval, ajoute Max.
—Ni un ver de terre, dit Yoki.
—Non, dit la vétérinaire en levant le petit doigt.
Touli n'est pas un chien. C'est une chienne !
Une belle petite chienne d'amour !

Tout le monde s'exclame :

– OH ! AH ! INCROYABLE ! MERVEILLEUX ! EH BIEN !
QUELLE SURPRISE !

Moi, je reste sans voix. En écoutant cette incroyable
nouvelle, je manque de perdre connaissance.
Mes amis me soutiennent pour éviter que je tombe
par terre.

La vétérinaire ajoute :
– Et j'ai une deuxième nouvelle
à vous annoncer !
– QUOI ? C'EST QUOI ?

La vétérinaire lève encore le petit doigt et ajoute :
– Eh bien, voici. Touli est enceinte ! Elle porte
beaucoup de petits chiots dans son ventre !

Puis, devant nos yeux écarquillés, elle poursuit :
—D'après mon expérience, elle accouchera dans
trois semaines exactement ! Elle doit se reposer
et éviter les sports violents. Donc, pas de hockey !

Nous transportons délicatement Touli jusqu'à la maison. Nous la couchons sur un oreiller duveteux et nous l'installons sous mon lit, dans un grand panier.

Chacun de mes amis caresse Touli. Je lui donne un gros bisou sur le museau puis, tous ensemble, sur la pointe des pieds, nous quittons ma chambre.

Je n'en reviens pas...

Bientôt, très bientôt, j'aurai
toute une famille de gardiens de but !

Es-tu un champion de lecture ?

C'est ce qu'on va voir...

Essaie de répondre aux questions suivantes.

1. Lequel parmi ces noms n'est pas celui d'un ami d'Alex ?
a) Bob.
b) Yoki.
c) Victor.

2. À quelle viande le chien Touli est-il comparé au début de l'histoire ?
a) Un steak.
b) Un jambon.
c) Une côtelette.

3. Où Touli va-t-il se cacher pour ne pas jouer au hockey ?
a) Derrière une poubelle.
b) Sous un balcon.
c) Dans la garde-robe.

4. Dans combien de temps naîtront les petits de Touli ?
a) 3 semaines.
b) 10 jours.
c) 24 heures.

Tu peux vérifier tes réponses en consultant le site Internet des éditions Dominique et compagnie, à :
www.dominiqueetcompagnie.com/apasdeloup.

À cette adresse, tu trouveras aussi des informations sur les autres titres de la série, des renseignements sur l'auteur et l'illustrateur et plein de choses intéressantes !

Tu as aimé cette histoire?
Tu as envie de lire toutes les aventures d'Alex?

Voici les autres titres de cette série.